ELOGE

DE MONSIEUR
LE MARECHAL
DE VILLARS,

PRONONCÉ

DANS L'ACADEMIE FRANÇOISE

Par M. DE CREBILLON, de la même Académie, le neuf Decembre 1734.

A PARIS,
Chez PRAULT Pere, Quay de Gêvres, au Paradis.

M. DCC. XXV.

ELOGE
DE MONSIEUR LE MARECHAL
DE VILLARS,
PRONONCÉ
DANS L'ACADEMIE FRANÇOISE.

IL n'est plus ce Guerrier dont nos derniers malheurs
Ont immortalisé la Prudence & les Armes,
Peuples, dont sa valeur dissipa les allarmes,
Elevez-lui du moins un Tombeau dans vos cœurs.
Toy, dont le nom preside au Temple de Mémoire,
Nom, par tant de Vertus à jamais consacré,
Nom fameux & toûjours foiblement célébré,
Malgré ce que nos Chants ont redit de ta gloire,
LOUIS, descends des Cieux, parois sur ces Autels,
Que la Terre a dressés au plus Grand des Mortels ;
Ce fut toy : Viens placer dans ce Temple où tu regnes,
Un Guerrier, qui souvent eut part à tes exploits,

A ij

Qui par tant de travaux juſtifia ton choix,
Et qui ſçut, d'un ſeul coup, relever nos Enſeignes.
Dans ces tems où ton Peuple oſa trembler pour toy,
Ces jours marqués de ſang, où le Sort infidele
Eprouvoit ton grand cœur pour en faire un Modele,
Ce Guerrier ſeul fléchit les Deſtins de ſon Roy;
Les força de rentrer dans cette obéïſſance
Qui les tint ſi long-tems ſoumis à ta puiſſance.
Il ne lui reſtoit plus, après tant de hauts faits,
Après tant de Remparts qu'il reduiſit en poudre,
Qu'à porter aux vaincus l'Olivier de la Paix,
De cette même main dont il lançoit ta Foudre.
Capitaine, Miniſtre & Soldat tour à tour,
Devoüant à ſon Roy tous les tems de ſa vie,
L'Eſtat, le Cabinet, les Champs de Mars, la Cour,
Partagerent ſon cœur ſans laſſer ſon genie.
Quels perils pour LOUIS n'a-t'il pas affrontés!
Combien pour nous venger en a t-il ſurmontés!
Aucun n'a triomphé de ſa Valeur ſuprême :
Ces Foudres que l'airain fait voler dans les airs,
Ces Foudres inconnus à Jupiter lui-même,
N'étoient pour ce Héros que de foibles éclairs;
On eût dit, à le voir pourſuivre la Victoire,
Qu'ils brilloient ſeulement pour annoncer ſa Gloire.
LOUIS, à ce portrait, tu reconnois VILLARS,
Cet éleve, ou plûtôt ce fier rival de Mars,
Et peut-être le tien : Son Ame généreuſe,

ELOGE DE M. DE VILLARS.

(Quoy qu'il n'eût que toy seul pour but de ses Travaux.)
De toutes les Vertus étoit ambitieuse,
Et les tiennes, sans doute, ont formé ce Héros:
Fridelingue, Denain, Batailles memorables,
Quels Succès glorieux m'offrez-vous à chanter?
Vous même, Lieux cruels, mais pour nous honorables,
Où la Mort sur ses jours osa presque attenter,
Les Lauriers de VILLARS sur vos Champs redoutables
N'ont-ils aucun éclat que nous puissions vanter?
Cependant, quels Exploits viendroient se présenter
Au seul ressouvenir de ces Tems déplorables!
Déja tous nos honneurs étoient évanoüis,
L'Estat sur son déclin, défaite sur défaite,
(C'étoit alors le tems des revers de LOUIS!)
Nos Soldats accablés de honte & de disette,
De désespoir peut-être autant que de langueur;
Hommes quant aux Besoins, François pour la Valeur,
Leur Chef, d'un seul coup d'œil, reveille leur audace,
Tous s'offrent en Héros au coup qui les menace;
Et VILLARS qui bravoit la Mort & le Destin,
Appelle tout sanglant, l'ennemi vers Denain.
C'est-là que ce vengeur de la Seine & de l'Ebre
Fit voir qu'à Malplaquet il n'avoit survécu
Que pour rendre à Denain sa valeur plus celébre,
Et qu'un Foudre de moins, EUGENE étoit vaincu.
Ainsi de nos Destins fixant la violence,
VILLARS humilia de superbes Vainqueurs,

Fit revivre en un jour leurs anciennes terreurs,
Venga son Roi, soi-même & rétablit la France.
Tel & plus grand encor les Alpes l'on revû,
(Non pas jeune, & tenté d'une fortune illustre,
Au comble des honneurs il étoit parvenu)
C'étoit VILLARS bravant son dix-septiéme lustre,
Le premier des François, fortuné, glorieux

M. le Maréchal de VILLARS, étoit Chef du Conseil de Guerre.

Qui pouvoit, de tous soins exempt par sa vieillesse,
Borner tous ses devoirs aux Conseils précieux
D'un Chef dont les travaux ont formé la sagesse.
Et quelle gloire encor pouvoit flatter VILLARS,
Ou relever l'éclat d'une si belle vie ?
Mais VILLARS étoit né pour servir sa Patrie
Et pour trouver la mort dans les champs des Césars.
Guerriers, qui pour LOUIS signalez votre zele,
VILLARS n'aima jamais que l'Estat & son Roi,
Il s'en fit un honneur, un devoir, une loi,
Ne perdez point de vûë un si parfait modele.
Quel Roi plus digne encor de regner sur vos cœurs
Doit exciter en vous la généreuse envie
D'armer pour le servir ces bras toûjours vainqueurs.
Dont l'effort fit trembler le Rhin & l'Italie !
Du siecle de LOUIS heureux restaurateur,
LOUIS, nouveau soleil, paroît sur l'hémisphére,
Avec tous les rayons de son prédecesseur.
Et toutes les vertus de son auguste pere ;
Equitable vengeur d'un téméraire affront

ELOGE DE M. DE VILLARS.

Que n'a point dû souffrir l'honneur du Diadême ;
La Justice du Ciel semble ceindre elle-même
Les lauriers destinés à couronner son front.
Il est d'autres bienfaits, & qu'un bon Roi préfere
A toutes les faveurs qu'il tient des Immortels,
C'est un Sujet doué des dons du ministere,
Qui partage avec lui ses devoirs paternels,
Un ministre éclairé, qui clément & sévere,
Soûtienne également le Thrône & les Autels,
Qui soit tel que FLEURY, dont les soins éternels
Nous réprésentent moins un ministre qu'un pere.
Regne heureux & brillant ! Tu nous rends à la fois
Nos plus vaillans Guerriers, nos plus sages Ministres,
Tu nous rends avec eux le plus grand de nos Rois ;
France, tu ne crains plus d'événemens sinistres !
Du plus hardi soldat rivaux & compagnons,
Deux Soldats adoptés par le Dieu de la Thrace,
Héritiers des vertus & du sang des Bourbons
Signalent à l'envi leur zéle & leur audace.
Le vainqueur de Rocroi fécond en successeurs,
CONDE', qui pour le nom, la gloire & les honneurs,
N'eut au dessus de lui que les Dieux & son Maître,
L'intrepide CONDE', vient encor de renaître.
Vous, qui formé d'un Sang & si noble & si beau,
Joignez à sa splendeur la valeur la plus fiere,
Qui d'un sentier pour vous étranger & nouveau,
Trouvez, du premier pas, la route familiere,

CLERMONT, tous vos Ayeux Héros dès le berceau,
N'ont pas plus dignement commencé leur carriere :
Poursuivez, votre cœur est fait pour les hazards ;
Qu'avec vous & CONTY, déja plus redoutables
Nos Guerriers, sur vos pas, soient toûjours indomptables :
Vous devez cette joye aux Mânes de VILLARS ;
Ce Héros, qui, pliant sous le faix des années,
Eût crû voir au mépris les siennes condamnées,
Et que de ses Lauriers il eût flétri l'éclat,
Si son dernier soupir n'eût été pour l'Estat.

www.ingramcontent.com/pod-product-compliance
Lightning Source LLC
Chambersburg PA
CBHW070439080426
42450CB00031B/2736